눈치 한 점 야망 두 개

눈치 한 점
야망 두 개

윤광일 지음

서문

유난히 더운 여름이 지나가고 있다.
인간의 편리함을 추구한 대가인지 자연 현상인지 잘 모르겠다.

어릴 적 문명의 이기가 거의 없던 시절 시골의 풍경이 스쳐 지나간다.
일부는 그리움으로 남아 있다.

무한 질주하는 기술 문명은 밝은 면이 있고 어두운 면이 있다.
부정적인 면이 있다 하여 중단하거나 과거로 되돌아가기는 더욱 어렵다.
부작용을 최소화하는 지혜를 발휘해야 할 때다.

글을 쓰는 것은 미지의 광맥에서 반짝이는 보물을 찾는 것처럼 설레는 일이다.
대상은 그대로인데 보는 관점에 따라 많은 이야기를 품고 있다.
대상이 뿜어내는 무언의 말을 얼마나 깊이 그려낼 수 있느냐가 관건일 것이다.

그 글에 삶의 지혜가 담겨 있고 고단한 일상에 조그만 위안이 된다면 기쁜 일이다.

　책 출간에 수고를 아끼지 않으신 좋은땅 출판사 관계 직원들에게 감사드린다.

　평소 수고를 아끼지 않으시는 영덕회 회장님과 부회장님의 노고에 감사드립니다.

2025. 9.
저자 윤 광 일

차례

서문 ···4

1부 약동하는 대지

푸르른 기상	···13	무심(無心)	···40
눈치 한 점	···16	무인도	···41
봄 편지	···17	조상 제단	···43
사양하노라	···20	떠나는 봄	···45
생명체 별	···21	나무야	···47
인생	···23	구름과 산	···48
그날이 아니라면	···24	운명적인 불	···50
길 아닌 길	···25	끈기의 화신	···52
사랑은	···27		
떠도는 유령	···29		
평범의 진리	···31		
만변(萬變)	···33		
감사의 날	···35		
생을 다시 부여하면	···37		
꽃잎 스치울 때	···39		

2부 정이 넘치는

넘치게 하소서	⋯57
천지불인	⋯60
정열의 꽃	⋯62
큐 사인	⋯64
파도	⋯66
사향(思鄕)	⋯68
직절허심(直節虛心)	⋯70
늦은 것 같다	⋯72
거룩한 운명	⋯74
기억의 필름	⋯75
꺾인 날개	⋯76
구름	⋯78
내일	⋯79
마음의 시간	⋯80
여름 속의 겨울	⋯82
탈피 속도	⋯84
천둥 번개	⋯86
분발의 회초리	⋯87
부지(不知)	⋯89
고난의 뜻	⋯90
가을의 전령	⋯91
천지	⋯93
신적 권능	⋯95

3부 황금 들녘에서

반성	…99	사근사근한	…124
가을의 애상(哀傷)	…101	회귀(回歸)	…126
선택 길에서	…102	추수	…128
가슴에 안고	…103	살포시	…130
초침 소리	…105	문자 시대	…131
만세에 빛나리	…107	평생 벗	…133
아스팔트	…108	기도	…136
고인돌	…110		
고향 소리	…112		
겨레의 동반자	…113		
침묵하시구려	…115		
빛나는 영감	…116		
신작로에서	…118		
인식 한계	…121		
따뜻한 밥	…122		

4부 그 길에 서서

그 길	⋯ 139	행운의 여신	⋯ 164
숫눈	⋯ 142	어제가 그리운가	⋯ 165
황새	⋯ 144	소망	⋯ 167
명작 시나리오	⋯ 146	눈물	⋯ 169
이어지나니	⋯ 148	지상낙원	⋯ 171
겨울	⋯ 149	네가 있어	⋯ 173
탐(貪)	⋯ 150	영동	⋯ 174
수직 시대	⋯ 151	긍정 미디어	⋯ 176
바람아	⋯ 153	역사는	⋯ 178
변(變)	⋯ 154	토방 위	⋯ 179
무한질주	⋯ 155	우리 이제	⋯ 182
영원한 청년	⋯ 156	감동 넘치는 오늘	⋯ 184
시간의 강물	⋯ 158		
소리 명창	⋯ 160		
돼지 꿈	⋯ 162		

1부
약동하는 대지

푸르른 기상

보아라
겨레의 굳건한 믿음이여

천길 절벽에서
대지를 붙들고
하늘을 떠받침이여

푸르른 기상이여
선비의 절개여
장수의 늠름함이여

강토(疆土)의 뼈대여
대들보여
기둥이여

그대와
이 땅에 터를 잡아
고난의 역사를 헤치고
문명의 아침을 열어 왔으니

총탄도 뚫지 못하고
눈보라도 어쩌지 못하고
비바람도 스쳐 갔으니

그대는 변신하여
집이 되고
배가 되고
솔잎 가루로 밥이 되고
장작으로 돈이 되고
아궁이의 불꽃이 되고

그대는
겨레의 뿌리요
동반자요
보물이요

달빛이 그대를 비추고
학이 그대 품에서 춤추고
겨레가 노래하고

아, 버팀목 되는 아버지 같은
아낌없이 베푸는 어머니 같은

다 막아 주는 수호신 같은

그대
그대여
소나무여

눈치 한 점

오늘도
집을 나서며
신발 끈을 조여 매고
세상을 헤쳐 나갈 지혜 한 아름과
불의에 맞설 용기 한 조각과
돌부리에 넘어져도 다시 일어설 기백 하나와
나만의 길을 개척할 창의(創意) 한 그릇과
다른 사람의 심사를 헤아릴 눈치 한 점과
애통함에 흘릴 눈물 한 국자와
쏟아지는 미디어의 홍수에 분별력 한 접시와
비판을 수용할 포용력 한 보자기와
지갑 잃어 차비 없는 분을 위한 지폐 몇 장과
미래를 내다보고 대처하는 예지력 한 섬과
예의 없음을 안 들을 예의 한 말과
푸른 하늘을 쳐다보며 꿈을 키울 야망 두 개와
몸을 가려 줄 옷자락 한 벌 걸치고
발길을 내딛는다

봄 편지

목련꽃 꽃봉오리 밑에서
봄이 오는 길목에 서서
님을 그리며 편지를 씁니다

님은 눈보라 헤치고 달려온 봄의
전령사 목련꽃 향기가 풍겨 옵니다

봄 햇살에
만화방초 산천에 가득하고
꽃송이 너울너울 춤추고

봄바람에
꽃향기 온 동네 휘감고
꾀꼬리 울음소리 늘어지고

흩날리는 꽃길에서
세상 시름 내려놓고
연인들의 사랑의 정 깊어지고

산하에
초록빛 잎사귀 늘어나고
개울가 버들잎 파릇파릇 짙어지고

고향의
들녘에 풍년 노래 흐르고
윗동네 큰애기 사랑의 연서 띄우고

님이여
꽃송이 만개한 오솔길 따라
꽃잎을 사뿐히 즈려밟고 오소서

약동하는 대지의 기운에
죽음은 생명 되어 돌아오고
비탄은 환희 되어 돌아왔습니다

여기가
무릉도원이로구나

봄이여
그대는 내 연인
밧줄로 꽁꽁 묶어

언제까지나 곁에 두고 싶구려

사양하노라

불의(不義)의 성찬(盛饌)을 거절하노라
유혹의 술잔을 사양하노라

부정의(不正義)한 침묵의 유지를 반납하노라
강요된 양심의 헌사(獻辭)를 거부하노라

무도(無道)한 길 위에 진입을 한사코 거부하노라
건조한 사막의 노래를 부디 사양하노라

인고의 시간 없는 꽃의 향연을 끝내 사절하노라
눈물 한 방울 없는 인생 여정 길을 정중히 고사하노라

생명체 별

우주 끝자락에서
별빛 하나
달려오고 있다

허공을 넘고 또 넘어
무수한 별들 사이를 지나
어둠을 뚫고
외로움을 견디며
수억 년을 여행 중이다

저 멀리
작은 별 하나 흐릿하게 보인다
좀 더 가까이 접근하니
푸르른 바다
안개 덮인 산하
드넓은 초원에 뛰노는 기린이 보인다

어느 어두운 밤
꽃이 만발한 오솔길에서

한 나그네
빛나는 별빛을 보고 손을 흔든다

별빛은
온 우주에
긴급 타전한다

드디어
수억 년 만에
생명을 발견했다고
지구라는 작은 별이라고
우주는 생명체 별이 더 있을지 모른다고
우주는 외롭지 않다고

인생

나의 의지 개입 없이 특정 시점 특정 지점에 던져진

인생 열차에 강제 탑승되어 종착지를 향해

안개 덮인 베일에 싸인 오솔길 따라

탐욕의 짐 싣고 거칠은 바다 건너

후세대에 떠밀려 시간 속으로

매일 발자취는 기록되고

어제의 그리움

내일 꿈꾸며

오, 인생이여

꽃밭을 걸어

수렁에 빠지고

돌부리에 넘어지고

화초 만발한 신작로 따라

천길 낭떠러지 옆을 간신히 지나

추운 평원을 걸어 미지의 장막 속으로

한 걸음 한 걸음 역사의 갈피에 고이 간직되리

그날이 아니라면

소년의 꿈이
어둠을 헤매일 때

청춘의 야망이
안일(安逸)에 안주할 때

어른의 탐욕이
불의(不義)에 관대할 때

순정한 양심이
세파에 흔들릴 때

나는 그만 울고 싶다
꽃잎이 봄비에 지는 그날이 아니라면*

* William Shakespeare(1564~1616)
  소네트 66에서 유추

길아닌 길

비가 억수로 내리는
안개 덮인 들판을 걸어간다
앞은 잘 안 보이고
냇물은 불어나
간신히 건너
숲속 길로 들어선다
숲속은 후두둑 빗방울 떨어지고
와지끈 가지 부러지는 소리로 요란하다
멀리서 부엉이 우는 소리 들린다
숲길에서 벗어나
잡초 우거진 풀숲으로 들어선다

길이 아니어 헤쳐 가기 어렵다, 조금
가시덤불에 할퀴어 상처가 난다, 조금
산딸기 탐스러워 따 먹는다, 조금
수풀에 잠든 꿩 푸드득 날아가니 놀란다, 조금
덩치 큰 짐승 앞길을 막아설 듯 무섭다, 많이
골짜기에 개울물 넘쳐흐른다, 많이
갑자기 서풍이 몰아치니 휘청거린다, 많이

넘어져 다시 일어나니 땀이 흐른다, 많이
옆으로 전나무 숲이 꿋꿋이 서 있다, 많이
어렵게 정상에 도착하니 비가 주춤한다, 조금
길 아닌 길에서 시간이 지체되었다, 많이
운무 속에 태양의 찬란한 빛 서려 있다, 많이

가 보지 않은 숲길에서
숲을 이해하게 됐다, 조금 더

사랑은

누군가
사랑이 무어냐고
묻길래

사랑은
집착의 증가라고
말해 준다

곰곰이 생각하니
정이 없는 해석 같아
다시 수정한다

사랑은
다 주어도 아깝지 않은
무엇이라고 일러 준다

깊이 생각하니
너무 평범한 해석 같아
다시 수정한다

사랑은
밥이다
사랑을 못 먹으면
하루도 못 사는 것이라고
조용히 알려 준다

자세히 생각하니
덜 철학적인 것 같아
다시 수정한다

물 없이는 만물이 살 수 없듯
사랑 없는 삶은 없는 거라고
다시 살며시 가르쳐 준다

떠도는 유령

밤하늘 미사일이 날고
드론이 날고
포탄이 날고
말 폭탄을 주고받고
분노의 칼을 뽑고

숨은 곳을 찾고
숨긴 곳을 찾고
은밀한 곳을 찾고

사람들이
흩어지고
쓰러지고
아우성치고

무너지고
불타고
없어지고

원한이 쌓이고

죽음이 쌓이고

통곡이 쌓이고

아, 폭력적으로

비이성적으로

배타적으로

필사적으로

결정적으로

거국적으로

전쟁의 유령이

쉬지도 않고

지구 위를

떠돌고 있구나

평범의 진리

멋진 시 소재를 찾아
헤매는 시인 선생님

당신은
일상의 평범함에서
시적 상상력을 탐구하여
미(美)를 창조한다지오

나는
길가에 핀
무명(無名)의 꽃이랍니다
그래서
사람들이 잘 쳐다보지도 않고
이름도 모르는 경우가 많습니다

당신이 그토록 찾아 헤매는
미는 어디에 있나요
사막을 건너는 나그네의 목을 축여 줄
시원한 한 모금의 물과 같은

글이라도 찾았나요

나는
양귀비꽃보다 화려하지 않고
매화꽃만큼 향기 없어도
지구 귀퉁이 구석진 곳을
환하게 밝히고 있답니다

시인 선생
위대는 평범에 있다는
진리를 아시겠지요

나 같은
평범한 꽃이라도
오래도록
애정 어린 눈빛으로 탐구하면
미를 발견할지 어찌 알겠어요

그대의 멋진 시
탄생을 바라 봅니다

만변(萬變)

있는 듯하지만
보이지 않고
들어내 보이고 싶지만
들어낼 수 없고
깊은 동굴의 웅크린 암흑이다가
천지의 빛나는 광명이다가
자비의 화신이었다가
탐욕의 불길이었다가
고드름같이 단단하여
바늘 하나 못 들어가다가
큰 보자기 되어 만물을 품어
안을 듯이 넓어지다가
더러운 시궁창같이 흐르다가
심산유곡 청정수같이 솟아오르다가
어제는 빛나는 봄날이다가
오늘은 비바람 치는 고난이다가
그대를 잡기 위해 산사에서
수십 년 가부좌를 틀고 찾아 나서도
꼬리도 못 잡기도 하다가

둥글다가 네모지다가
뾰족하다가 평평하다가
내가 내 것을 모르고
너도 네 것을 모르고
오늘도 상대방의 그것을 몰라
찾고 헤매고 짐작하고
추론하고 오해하고 화해하고
오늘도 그대를 찾기 위해
많은 이들이 길을 떠나는데
어데 가야
만날 수 있느뇨

감사의 날

대지는 견딜 만큼 단단한가
생사(生死)의 벽은 넘기 어려울 만큼 두터운가
내 것, 내 물건은 영원히 내 것인가
가족은 믿을 만큼 든든한가

믿었던 땅이 꺼지고
한 발짝 옆에 사신(死神)이 도사리고
보금자리 집도 팔면 주인 손을 떠나고
가족도 각자 길을 걸어간다

오늘
우거진 숲속을 걸으며 솔향기에 취하고
흐르는 계곡물에서 물의 덕을 노래하고
황금 이삭 익어 가는 들녘에서 풍년 꿈 꾸며

안색
맥박
호흡이 정상이라면

다시 안 올 축복의 날이요

기적 같은 날이요

감사의 날로 봄이 옳다

생을 다시 부여하면

운명의 신이 있어
그동안의 선행을 참작하여
다시 한번
생을 부여하니
선택하라고 한다면 어떻게 될까

대부분은
감읍하옵니다
유년 시절부터 다시 시작하여
티 없이 맑은 학창 시절을 보내고
멋진 인생을 그려 보겠습니다

일부는
혈기 왕성한 청춘부터 시작하여
멋진 님과 사랑의 꿈을 꾸고
꽃길을 걸으며
낭만을 즐기겠습니다

일부는

신이여
호의는 고맙지만
사양하겠습니다

그동안 걸어온 길을 곰곰이
생각하면 아득합니다

인생길은 꽃길만이 아니고
때로 자갈밭을 걸으며
비바람 헤치고
걸어가야 합니다

다시 그 길을 걸어가야 한다면
그리 자신이 없습니다

인생길은 한 번의 여정으로
순례를 마치도록 하겠습니다

나는 어느 쪽일까

꽃잎 스치울 때

바람이 꽃잎을 스치울 때
꽃잎은 먼 남녘 바다의
봄소식 듣는다

바람이 꽃잎을 스치울 때
꽃잎은 사막 길을 터벅터벅 걸어가는
나그네의 거친 숨결을 알아챈다

바람이 꽃잎을 스치울 때
꽃잎은 먼 은하수 별빛의
아스라한 추억을 엿듣는다

바람이 꽃잎을 스치울 때
꽃잎은 그리던 님 기다리는
여인네의 분 냄새를 맡는다

바람이 꽃잎을 스치울 때
꽃잎은 스치는 바람의 작별에
눈물 한 방울 속으로 삼킨다

무심(無心)

사랑하지 않으니
그리워할 것이 없는

집착하지 않으니
동요할 것이 없는

분별하지 않으니
불화할 것이 없는

얽매이지 않으니
걸림이 없는

무심하구나
자유자재(自由自在)하구나

무인도

무인도에 와 있다

날 선 파도
깎아지른 절벽
해송

봄바람이 쉬어 가고
성난 파도 쉬어 가고
어부의 고단한 시선이 쉬어 가는
무위(無爲)의 영역이다

파도에 씻기고
바람에 닳고
세월에 깎이고

해송은 알고 있는가
갈매기는 알고 있는가
섬은 누구를 기다리는지

언젠가
솟구쳐 오를 그날을
기다리고 기다리는지 모른다

순진무구한
욕심이 적은 뭍의 청년을
기다리는지 모른다

무심한 바닷바람에
켜켜이 쌓인 세속의 때를
날려 보낸다

조상 제단

지금까지
지구 위를 살다 가신
1080억 명의 조상님 제단에
공경의 꽃 한 송이 바칩니다

님들은
척박한 환경에서
이 땅을 걸어가셨습니다

이 대지 위에 뿌려진 땀방울
산하에 베어 있는 숨결
꽃잎에 스며 있는 향기
고이 새겨 봅니다

그날도
탄생이 있고 작별이 있고
사랑이 있고 이별이 있고
꿈이 있고 좌절이 있고

그날도
태양은 찬란히 떠오르고
보름달은 호수에 은은하고
별빛은 은하수로 흐르고
삶은 여전하였습니다

마음속에
흐르는 눈물을 삼키며
별이 되신 님들을 기려 봅니다

오늘
숭고한 자리를 이어받아
이 땅을 걸어갑니다

100년 후
어느 후손이
앞서간
1160억 명의 조상님 제단 위에
진정 어린 꽃 한 송이
올릴 것을 기대하면서

떠나는 봄

담장 울타리 타고
붉은 꽃 손짓할 적에

어느 산자락에서
봄을 만났는데

봄은
더운 공기 입자들이
구름 타고 내려온다는 소식에
황급히 북쪽으로 달려가고 있었다

사람들은
가는 봄이 아쉬워
봄의 옷자락이라도 붙들려 하지만

봄은
들녘을 지나
숲속을 가로질러
산촌 마을에서 숨을 고르고

어느 강가에 이르렀다

작열하는 태양이
서서히 대지를 달구고
초록 잎사귀들이
파죽지세로 숲을 점령해 갈 적에

봄은
차마
떨어지지 않는 발길을 돌리어
작별의 손을 흔들며
강을 건넜다

나무야

나무야
너는 평생

햇빛과 빗물을 주식으로
바람을 간식으로
별빛과 달빛과 다람쥐를
친구 삼아 살아가니

다른 이를
해(害)하지 않고
살 수 있어

참 좋겠구나

구름과 산

비구름 속에

구름은
산을 타고 내려온다

구름이 장막처럼 휘돌아 감고
산은 베일에 싸이고

산은
고단함을 내려놓고
멀리멀리 여행을 떠난다

구름이 산을 지키고

구름이
하늘의 부름 받아
서서히 사라질 때

산은

낯선 곳에서

희망의 꿈 한아름 안고

서둘러

돌아갈 길 재촉한다

운명적인 불

길에서 만나는
제왕과 같은 권위와
포도대장 같은 위엄으로
모두를 벌벌 떨게 만들고
도깨비불 같고
천사의 등불 같고
24시간 쉼 없이
비가 오나
눈이 오나
잠들지 못하고
사람들의 안전을 지휘하며
100미터 먼 곳부터
눈에 불을 켜고 주목해야 하고
못 봤다고 읍소해도 안 통하고
잘난 사람 통과
못난 사람 대기
그런 차별 없이
추상같이 엄정하고
운이 잘 맞아

바로바로 통과되면

오늘 인생도 성공 성공할 것 같고

바로바로 차단되면

어제 안 좋은 꿈자리가 생각나고

오늘도

길에 나서면

반갑다고

어김없이 불을 켜고 기다리는

피하려야 피할 수 없고

떼려야 뗄 수 없는

다정한 연인 같은

지상에서의 운명적인 만남

바라옵기는

하얀 불을 더 보태어

천사 같은 사람은

무조건 통과를 건의하면서

하늘 같은 공경의 염(念)으로 받드나니

오늘은

바로바로 통과 부탁하외다

끈기의 화신

그대는
눈보라 몰아치는 추위에서
언 땅속에 몸을 숨기고
봄바람 불어오면
땅을 헤집고 나와
산천에 두루 퍼져
강인한 생명력과 번식력으로
푸르른 산하의 그림이 되고
풀벌레의 보금자리 되고
초식동물의 밥이 되고
간혹
윙윙거리는 칼날 앞에
무방비로 놓이니
산산이 부서져 허공으로 흩어지기도 하고
짓밟히고
뽑히고
그럼에도
죽어도 죽지 않고

죽여도 죽지 않고

다시 일어나

꿋꿋하게

생을 이어 가니

가히 불멸(不滅)의 후예로 불릴 만하고

빗방울 세차게 내리니

포근히 감싸안으며

땅에 스며들어 생명수 만들고

지나가는 소 염소의 따뜻한 밥이 되고

개미 달팽이 여치의 보금자리 되고

들녘에서

냇가에서

산길에서

제거의 대상 같고

건강한 토양의 친구 같고

친근한 이웃 같고

이 땅을 살아가신 조상님들도

척박한 땅을 일구며

그대 같은 근기(根氣)로 걸어가셨으니

그대는

연약하고

낮을지라도

끈기의 화신이구나

잡초여

2부
정이 넘치는

넘치게 하소서

보이지 않고
측량이 안 되고
있어도 없는 것 같고
없으면 건조한 사막 같고
넘치면 화초 만발한 정원 같고
언 땅 녹이는 봄바람 같고
어머니의 따스한 품속 같고
누님의 향긋한 화장 냄새 같고
부잣집 광에 가득 찬 쌀독 같고
호수 위에 어른거리는 은은한 달빛 같고

부대끼며 살면서
콩 한 쪽 나눠 먹고
울며 웃다 보면 생기고
옆집 돌담 너머 생일 떡 나눠 먹고
담 넘은 감 나눠 먹으며 깊어지고
님 그려 밤새워 연서(戀書) 쓰고
또 고쳐 쓰면서 싹트고
윗동네 아랫동네 처녀 총각

오다 가다 움트고

갈치 다섯 마리에 한 마리 더

얹어 주는 시장 아주머니의 인심 같고

배고픈 길손에게 고봉밥 차려 주시는

어머니의 넉넉함 같고

사랑이 식어 재가 되어도

끈질기게 이어 주는 끈끈이 같고

야멸차게 뿌리치며 떠났던 님

다시 돌아오게 하는 무엇 같고

흐르는 강물은 막을 수 있어도

흐르는 그것은 막을 수 없다 하고

그것이 그리워 밤길을 헤매고

그것을 베풀면 공덕 되어 복으로 돌아오고

쫄깃쫄깃한 찹쌀떡 같고

잘 익은 홍시 같고

초가지붕 위 누런 호박 같고

오늘도

목마른 대지에

내리는 빗방울같이

흐르는 바다같이

정(情)이
넘쳐흐르게 하소서

천지불인

은 쟁반에 옥구슬 구르는 소리로
서민의 심금 울리던 천상의 목소리도
어둠 속에 잠이 들고

조각한 듯 눈부신 절세가인도
야속한 세월 앞에 주름을 내주고 한숨짓고

천의무봉(天衣無縫) 명문장으로
적장도 눈물 흘리며 무릎 꿇렸던 귀인도
역사의 뒤안길로 사라지고

자기 땅만 밟고 살아간다는 만석꾼도
종이 한 장 못 가지고 영영 돌아오지
못할 길을 떠났고

천군만마 호령하여 통일의 대업 이루었던
천하 영웅도 끝내 회한의 눈물 한 방울 흘리며
흙으로 돌아가고

아, 무심한 세월이여

천지불인(天地不仁)이여

정열의 꽃

목련화 지고

벚꽃 지고

철쭉 지고 있고

봄이 깊어지는 5월 하순

담벼락에 피어오르는

끓어오르는 붉은 정열의 꽃

보아라

봄을 아쉬워하는 이들이여

봄의 심장은 아즉 남아 있으니

봄을 찬미하라

연극의 주인공은

늦게 나타나는 법

그대가 봄의 주연이로구나

그대는

불타오르는 태양의 화신이요

피 흘려 나라 지킨 선현들의 애국심의 발현이요

일편단심 님을 향한 사랑의 표상이도다

부디

비바람 헤치고

어둠의 고독 이기고

모진 손도 피하여

오래 피어나거라

그대 한 송이 가슴에 품고

내일도

봄날을 꿈꾸리라

큐 사인

밖에 나가면
하루에도
수십 번
CCTV 카메라 앞에 서는 사람들

자연스레
전 국민이 배우로 양성되고 있다

언제
누가
영화관 또 TV에
주인공으로 상영될지 모른다

길을 가다가
CCTV 앞에서
급하다고 갑자기 뛰거나

할머니의 무거운 짐을
대신 들어 주는 일은

오해를 살 수 있으니
하지 않는 게 좋을지 모른다

어차피
인생은 연극 아니던가
세상은 연극 무대 아닌가

전 국토가 연극 세트화되어
전 국민을 세심하게 찍고 있으니

오늘도
연극 주인공처럼
멋진 연기 펼치리라

지금도
수십 대의
고장도 잘 안 나는 카메라가
그대의 표정 몸짓 손짓을
면밀히 찍어 대고 있다

24시간
큐 사인이다

파도

바다가 내려다보이는
언덕 위에 서 있다

파도는 절벽을 때리며
포말을 일으키고
장렬히 스러져 간다

모든 것의 최후는
쓸쓸한 것

파도는 난관에 부딪혀
긴 여정을 내려놓고 소멸한다

파도는 바다로 돌아가고
파도를 밀고 온 바람은
언덕을 지나
낯선 곳으로 달려간다

그곳에서

바람은

넘실대는 파도와

갈매기의 노래와

별빛의 추억을

오래도록 기억하리라

사향(思鄕)

봄볕에 취해 풀밭 위에 누우니
아스라이 고향 산천 다가오고

휘어진 개울가에 수양버들 움트고
남녘의 유채꽃 향기 앞산에 이르니

닭 울음소리 미명의 적막을 깨고
밥 짓는 연기 마을을 안개처럼 휘감고

일꾼은 논 물꼬 트러 휘적휘적 나가고
아낙네들 우물가에 옹기종기 수다 많고

순이 집 마당 꽃지짐 냄새 담장을 넘고
개나리 꺾어 학교 가는 아이들 요란하고

님 계신 언덕 위 갈대집에 이르니
나물 캐러 산에 가고 찬 바람만 반기는구려

송아지 어미 부르는 소리에 눈을 뜨니

산천은 간데없고

무심한 달빛만 가슴을 파고드는구나

직절허심(直節虛心)

올곧음이여
사람이 돌보지 않아도
쑥쑥 하늘로 치솟는구나
그대의 성장력(成長力)과
강인함은 따를 자 없고
스치는 바람에
사각사각 청아한 소리로
마음을 정화하고
속은 비어 알맹이 없어도
껍질은 돌같이 단단하니
아이들 연 만들고
소쿠리 만들고
물고기 작살 만들고
피리 만드는 데
유용히 쓰이고
집 뒤뜰에
동네 어귀에
병풍처럼 둘러서서
바람을 막아 주고

악귀를 막아 주고

푸르른 기상을 심어 주고

부러질지언정

굽히지 않으니

선비의 꿋꿋한 지조의 상징 되고

조상들은

불의에 항거할 적에

단단한 그대를 깎아

무기로 삼았으니

정의를 향한 날카로움이여

중국의 소동파는

그대 없으면

사람이 저속해진다고

칭송하였으니

그 기백은

용사(勇士)를 능가하고

자기를 비우고

고요함을 지키니

군자의 덕이구나

대나무여

늦은 것 같다

여름 초입
40도에 육박하는 땡볕 더위

지구가 신호를 보내는 것 같다
인간들이
남용(濫用)하고
버리고
묻고
뚫고
썩지 않고
짓누르고
채굴하고
남획(濫獲)하고
투기장 되고
전장화(戰場化)되고

인간은
자갈밭에 들어서면
지나온 길의 평탄함을 그리워하는 법

늦은 것 같다

더 늦기 전에
자연으로 돌아가야 할 것 같다
더 걷고
더 재사용하고
더 가꾸고
덜 버리고
덜 쓰고
덜 남용하고

오늘부터
한 가지씩 버려야 할 것 같다
탐욕 한 조각
이기심 한 되
편리함 한 보자기

인간은 더위에 지쳐 가는데
숲속의 나뭇잎은
더 푸르고
냇가 갈댓잎은
더 생생하구나

거룩한 운명

여기이고 싶어 아니고
이때이고 싶어 아니고
이 하늘이고 싶어 아니고
지금이고 싶어 아니고

누군가의
자식
형제
아버지
삼촌

어떤 이의
친구
동료
동반자
이웃

거룩한 운명이다

기억의 필름

요즘
네
기억의 필름 속에 저장된
나는 잘 있니?

혹시
잘 보관되다가
최근 삭제되지는 않았는지

내 기억의 필름 속에
남아 있는 너는 아직도
생생하고 아름답단다

꺾인 날개

아침 산책길에서
새들의 최후를 보게 되면
눈을 감는다

어제까지
푸르른 창공을 박차 올라 먹이를 찾고
마음껏 날갯짓하던 그대가 아니던가

그대는
땅을 기어가는
땅을 걸어가는
모든 이들의
자유의 표상이요 꿈이었다

그대는 하늘에서
먼 산맥의 울창한 숲을 보고
유장히 흐르는 강물을 보고
들녘에 무르익는 풍요의 그림을 보았으리라

또한

까마득한 저 아래

뙤약볕에 기어가는 개미를 보고

땀 흘리며 언덕길 오르던

할머니의 고단함도 보았으리라

그대 뱃속은

며칠을 굶어 비어 있을 수 있고

알 수 없는 병마에 쓰러졌을 수 있다

밤새

그대가 하늘에서 꺾였을 때

분명

산천도 애도의 침묵 보내고

산속의 다람쥐도 놀라고

정원의 꽃잎 하나 떨어졌으리라

지상에서의 짧은

아쉬운 정 거두고

그대 나라에 돌아가

편히 쉬렴

구름

장마철에

구름이
짙어졌다
엷어졌다
수시로 변한다

인생에 대한 질문
100가지의 해답 같다

그사이
구름 걷히고
맑아졌다

내일

내일
일어날 수 없는 일은 없다

어릴 적 짝사랑하던 님을
길을 가다 우연히 만날 수 있고

산을 오르다
외계인이 버린 황금덩이를 주울 수도 있고

인류를 괴롭히는 난치병의
묘약이 탄생할 수 있고

세계 평화통일의 주춧돌이
세워질 수 있고

알파에서 오메가다

무한한 가능성의 내일
기대되는 하루다

마음의 시간

세상 살면서
시간이 빠르다고 한탄하지 마라
시간이 느리다고 투덜대지 마라

마음속
시간의 초침(秒針)은
자주 변한다

사막의 더운 열기를 견디며 걷는 나그네의
1시간은 10시간처럼 느리게 느껴지고

꿈에 그리던 백합 같은 여인과의 데이트하는
1시간은 10분 같이 빠르다고 느껴지고

평생직장의 입사 시험 결과를 기다리는
1달은 1년처럼 느리게 느껴지고

인생에서 좋아하는 일을 즐기면서 사는 경우
하루가 빨리 간다고 느낄 수 있다

천지의 시간은 어쩌지 못해도

마음의 시간은
느리게도
빠르게도 할 수 있다

오늘 하루가
빠르다고 느꼈다면
뭔가에 몰입하여
열심히 산 것이리라

시간은
절대적이면서 상대적이다

여름 속의 겨울

연일 계속되는
불볕더위다

나는 마음속으로
겨울 한복판에 가 있다
영하 20도
살을 에는 추위가 옷깃을 파고들고
천지는 꽁꽁 얼어 생육을 멈추고
산하는 눈으로 덮여 있다
뜨거웠던 여름이 그리워진다

다시 여름에 와 있다

만물이 번성하고
푸르른 숲 나날이 짙어지고
매미 소리 요란하다

대지의 열기에

고마운 염(念) 한 자락 안고

오늘도 헤쳐 가련다

탈피 속도

비행기 기수를 위로 하면
우주로 날아갈 수 없을까

우주로 나르는 속도는
제1 우주속도
인공위성을 지구 상공에 띄워 올리는
속도로 초속 7.9km
제2 우주속도
지구 탈출하여 달에 갈 수 있는
속도로 초속 11.2km
제3 우주속도
태양계를 벗어나 다른 별로 이동하는
속도로 초속 16.7km라고 한다

비행기는 시속 900여 km로
제1 우주속도보다 크게 느려
우주로 나아가지 못한다고 한다

인생에서도

몸에 밴 습관을 바꾸고자 할 때
사고의 틀을 벗어나고자 할 때
현인의 경지에 이르고자 할 때
거기에 걸맞은
탈피의 속도가 필요하지 않을까

천둥 번개

천둥 번개 치는
들판을 걸어갑니다

하늘이 울리고
천지가 번쩍입니다
세상 모든 소리를 사절한다고
세상 모든 빛을 사양한다고

허공중에
고요 속에
연(緣)이 화합하니
천지를 진동하고
세상을 비추는구나

없는 듯하지만 무엇이 있고
보이지 않아도 무엇이 작용하고
조용한 듯하지만 무엇이 싹트고 있고

분발의 회초리

옛적
어느 시골 선비가
고생 끝에 과거에 장원급제하여
풍악을 앞세우고 금의환향하니
고향 동네는 사람들 모여
잔치하느라 들썩일 적에

선비는
동네 앞 밭의 탱자나무에 이르러
큰절을 하였으니
어릴 적 서당에서 공부할 때에
훈장님이
게으름 피우거나
졸게 되면
가시 있는 탱자나무로 회초리 만들어
공부에 진력하게 하였으니
지금의 영화는
탱자나무 덕분이라고
감격하였다고 한다

지금

나에게는

탱자나무 같은

분발의 회초리가 있는가

달콤한 마시멜로 같은

유혹의 사탕이 있는가

부지(不知)

창공을 나는 새는
그 위에 펼쳐진
우주의 광대함을 알지 못하고

짙푸른 바다를 나는 갈매기는
그 밑에 바다의 심연을 알지 못하고

수풀 속의 잠든 꿩은
다가오는 포획의 위험을 알지 못하고

쉼 없이 달리는 인생 열차는
그 종착지를 알지 못하노니

고난의 뜻

세상 살면서

예기치 않은 고난에
마주할 때

대부분의 사람은
왜 하필 나에게

일부는
나라고 이런 일이 안 일어날까

일부는
시련에는
깊은 단련의 뜻이 있을지 몰라

나는 어느 쪽일까

가을의 전령

늦여름
불어오는 바람 속에
가을의 선선한 공기 몇 개 섞여 있다
가을이 보낸 전령사가 아닌지

맹렬한 여름 더위도
천지의 운행 법칙에
어쩌지 못하는 것 같다

매미는
다 토하지 못한 울음은
한으로 남기라도 한 듯
아침 일찍부터 울어 댄다
여름과 더불어 사라질 운명을
알고 있는지 모른다

나무 잎사귀는
봄부터 달려온 생명력을 거두고
서서히 단풍 들어 퇴장의 준비를

서둘 것이다

마음은 벌써
가을 들녘의 물결치는 이삭과
태산준령의 빨간 단풍과
길에 밟히는 노랑 은행잎으로
성큼 다가온다

천지

백두산 천지를 바라본다

날씨가 맑아 멀리 보인다
그림보다 크고 웅장한 모습이다
한민족의 시원(始原)을 열었다

그대는
지구의 역사를 알고
겨레의 고난을 알고
민족의 영화를 알지 모른다

그대의
푸른 물은 겨레의 가슴을 적시는 폭포수 되고
높은 봉우리는 대륙의 찬 서리 막아 주는 방패 되고
속에 꿈틀대는 불덩어리는 겨레의 힘찬 심장 되고
굳센 기상은 민족의 웅비하는 길잡이 되리니

아,
바람도 쉬어 가고

구름도 자고 가고

겨레의 고단함을 달래 주는

그대여

언제까지나

민족의 수호신 되소서

신적 권능

비록

더러운 흙탕물에 몸을 누이고

일부가 불타 없어지고

찢어지고

갈라져도

그대의 생명은 보존되니

불사조 나라의 일원으로 보이고

사람들이

자나

깨나

집에서나

일터에서나

그대를 기준으로 살아가니

만물의 중심을 차지한 듯하고

그대를 주면

울던 애도 울음을 그치고

싸우던 형제도 화해하고

연로하신 부모님도 효도를 대신하니

실로 신적 권능을 가진 듯하고

주머니에 그대가 두둑하면 당당해지고
동전이나 잡히면 어깨가 축 처져 힘이 없어지니
힘의 원천인 듯하고
사람들은 그대를 붙잡기 위해
동이 트자마자 일터로 나가
땀 흘리고 눈치 보며 때로 눈물 흘리며 일하니
밥이요 생명이요 신이로구나
오늘도 다른 사람의 주머니에서
내 지갑으로 가져오는 수고로운
작전은 어김없이 펼쳐지고
그대를 많이 차지하기 위한
전투는 내일도 펼쳐지리라
아무리 그래도
그대는 한낱 종이 나라 식구임을 잊지 말고
언젠가 갈 때는 종이 한 장 못 가지고 감을
한시도 잊지 말고
또한 떨어진 꽃잎 하나 되돌릴 수 없는
미약한 면도 있음을 잊지 말고
사람들을 위해
겸손하게 봉사하기 바란다

3부

황금 들녘에서

반성

오늘
나는

교차로에서 파란불이 들어오자 바로 출발 안 한
앞차에 빵빵거리며 많이 재촉하였지

무거운 짐 끌고 언덕길을 오르는 할머니의 고단함을
못내 외면하고 다른 곳을 바라보며 지나갔지

세끼는 꼭꼭 챙겨 먹지만 영혼의 밥인 책장의 책은
장식용으로 만족하며 지냈지

불시에 재난을 당한 지구촌 소식에 한 자락 연민의 감정
대신 강 건너 불 보듯 건성으로 넘어갔지

화초 만발한 꽃밭의 정원에서 눈으로 만족 못 하고
모진 손으로 한 송이 꺾어 집으로 돌아왔지

시시각각 쏟아지는 뉴스에 공평한 접근보다는

다수의 의견에 무조건 많이 동조하였지

가을의 애상(哀傷)

빨강

노오랑

평상에 우수수

돌담 사이 한 잎

장독대 된장에 한 잎

편지 사이에 노랑 은행잎

새색시 신발에 빨강 단풍잎

뒤뜰에 쌓이고 쌓여 수북수북

시냇물에 빨강 노랑 단풍잎 졸졸졸

가을바람에 훨훨 마당으로 벌판으로

눈에도 단풍 사랑의 단풍 애상의 단풍

작별이 못내 아쉬워 마지막 정열을 불태운

오, 가을이여

열정은 식어 가고

1년 농사 열매 거둬들이는

텅 빈 들녘에서 허전한 마음

논둑길에 울리는 농부의 노랫소리

사위어 가는 햇빛 한 조각 그리워지는

달 밝은 밤 님 그려 잠 못 이루는 창가에서

선택 길에서

최선이 없는
차선도 안 보이는
강요된 선택 길에서

정의와 부정의의 경계선이 모호한
정의의 추구에서

양심이 주저하는
실리의 추구에서
내 몫을 계산할 때

나는 기도한다
불의와 이기심에 무릎 꿇지 않기를

가슴에 안고

살아오면서

짝사랑하던 님
연모하던 님
동경하던 님

나이 들어
굳이 만나려 하지 마라

세월은 무심히 흘러

눈부신 꽃잎은
시드는 법이니

섬섬옥수 고운 손은
세파에 굳은살 되고

호수 같은 그윽한 눈빛은
잔물결에 흐려지고

향기로운 입김은
허공중에 흩어졌으리니

젊은 날의
청초한 모습
가슴에 고이 안고
영원히 간직하구려

초침 소리

너는
얼마나
귀하고 소중한 것이냐
얼마나
냉정하고 쓸쓸한 것이냐
한 자락의 자비도 허용 안 되는
정확한 것이냐
너는 어데서 와서
어데로 가는 것이냐
그 막강한 권위를
누구한테 부여받았느냐
너의 원칙은
바위보다 단단하고
다이아몬드보다 굳센 것이냐
만물은 돈을 주고 살 수 있지만
천하의 금은보화라도
한 조각도 구할 수 없는 것이냐
너는 만인에 공정함을
꿋꿋한 자부심으로 여기느냐

너의 손아귀에 걸리면
꽃다운 소년이라도
귀밑머리 서리 내리고
역발산기개세도
언젠가 힘을 잃고
천하 영웅도
스러져 눈을 감으니
가히
무소불위(無所不爲)의 힘이로구나
지금도
초침 돌아가는 소리 들린다
관용이 없다는 너의 나라
훈령을 모르는 바 아니나
오늘 가다가
고장이 나거나
천천히 가더라도
모른 체할 테니
조그만 자비의 은혜라도
베풀어 주면 안 되겠니

만세에 빛나리

일꾼이 부지런하여
풍년 농사 일구면
한 해가 배부르고

범인(凡人)이 정진하여
세속의 명예를 얻으면
평생의 영화(榮華)이고

현인이 자기를 이기고
도(道)를 깨달아 진리를 성취하면
만세(萬世)에 빛나리

아스팔트

비단결 같은 아스팔트 도로 위를
달리며 안락함을 누리는 현대인

아스팔트
너는
문명이 가져온 혁명적
도로 편의 시설이다

그런데
문득
너 아스팔트에 깔려
숨 못 쉬는 흙과 생명들의
아우성이 들리는 듯하구나

네가 깔림으로 숨통을 틀어쥐어
숨이 막히는 가녀린 것들은
암흑 속에서 울부짖을 것 같구나

모든 것은

진화 발전한다고 한다

아스팔트
너도
언젠가
숨 쉬는 아스팔트로 변신하여
흙과 생명들의 친구가 되고
친환경으로 거듭나면 어떻겠니

고인돌

커다란 고인돌이
줄지어 있는 곳이다

어느 옛적
힘 있는 사람이
사람들이 의도를 가지고
이리 쌓아 두었을까

굳건한 믿음은
산을 옮기고
바다도 메운다고 했으니

영혼 불멸의 믿음인가
권위와 위용을 드러내고자 함인가
묘역의 기념물인가

바람에 산은 깎이고
인걸은 간데없지만
검은 이끼 낀 큰 바위 고인돌은 의연하구나

언젠가

고인돌이

모래 되어 스러질 때

인류 역사는

얼마큼 가 있을까

고향 소리

쩍쩍
졸졸졸
툭툭툭툭
후두둑후둑
윙윙윙윙윙윙
첨벙첨벙처엄벙
<u>스르르스르르스르</u>
탕탕탕탕탕탕타탕
사각사각사각사아아각
똑딱똑딱똑딱똑따딱

똑딱똑딱
다듬이 소리에
밤은 깊어 가고
달빛 창가에
여인의 옷고름 푸는 소리
스르르 들린다

겨레의 동반자

우직한
양순한
충직한
맑은 눈망울의
황금색의
아, 농부의 자식 같은 믿음의

밭 갈고
논써레질하고
달구지의 무거운 짐 나르는
혼사 밑천의
우골탑 밑천의
기와집 밑천의
푸줏간에 살점의
겨레의 보배의

뚜벅뚜벅 발걸음은
고난을 헤쳐 가는 겨레의 동반자 되고
일하는 가쁜 숨소리는

겨레의 짐을 대신하는 고달픔이고
마지막까지 다 바친 보시는
겨레의 살과 뼈 되어 힘이 되고
살다 간 희생의 여정은
겨레의 역사에 오래도록 기억되리

침묵하시구려

인생길에서

정당한 대가에 좀 미치지 못하더라도
그냥 침묵하시구려

집단의 편익을 나누는 기준이 좀 모호하더라도
그냥 침묵하시구려

젊음의 미성숙함이 좀 있더라도
그냥 침묵하시구려

이념과 사상의 논쟁에서 좀 간극이 있더라도
그냥 침묵하시구려

보태지 않아도 풍성한 토론의 장에서
그냥 침묵하시구려

빛나는 영감

영감(靈感)은
불꽃같이 와서
곧 사라지리니
영원히 다시 안 올 수도 있고

그래서
영감이 올 때
눈앞을 스쳐 갈 때
그물을 씌워 잡으라고

그물을 빠져나간 새는
훨훨 창공을 나르지만
주인은 허공만 바라보리니

그 영감은
온다는 예고 없이
갑자기 찾아드니
불시의 손님을 위해
아랫목에 따뜻한 밥 한 공기

묻어 놓는 심정으로

오늘도
빛나는 영감이
길을 밝히는 등불의 영감이
마음을 인도하는 지혜의 영감이
우매를 깨우치는 진리의 영감이
마음에 깃들 때
바로잡을 수 있는
한 자락의 예지(銳智)를 준비해 둔다

신작로에서

눈을 감으면

시골 신작로에서
머리에 무거운 짐 이고
장에 다녀오시는 어머님이
느릿느릿 걸어오십니다

읍내에서
초등학교 출근하시는 선생님의
덜컹덜컹 자전거 지나갑니다

가뭄에 콩 나듯이
하루에 몇 번 있는 버스가
학생들을 짐짝처럼 싣고
뿌연 흙먼지 날리며
힘겹게 언덕길을 오릅니다

소달구지에
나락 가득 싣고 쌀 찧으러

정미소 가는 소의 씩씩거리는 숨소리와
주인의 채찍질하는 소리가 들립니다

도회에 사는
아들의 시험 합격 소식과
연인의 기쁜 전보 안고
우체부는 자전거 페달에 힘을 다하여
시골길을 달려갑니다

산에서
조상님께 시제(時祭) 지내고
남은 음식 지푸라기로 싼 봉송(封送) 꾸러미 들고
허적허적 아버님이 걸어오십니다

길가
빵 라면 파는 점빵 옆을 지나가는
배고픈 애들이 보입니다

오늘도 신작로에서
먼 곳을 바라보며
운동화 사 오신다는 어머니를
하염없이 기다리는

한 꼬마가
서 있을 것 같습니다

인식 한계

거울 앞에 선
사나운 개가

거울 속의 자기를 보고
으르렁대며 달려든다

거울 속의 개가
자기임을 인식하지 못하는 한계

우주는 하나요
내부 구성원은
유기적으로 연결돼 있다는 관점에서
남을 비난하고 공격함은
곧 자기를 해치는 것과 같다는 귀결에서

초월적 존재가 있다면
개와 사람의 공격 행위가
비슷하다고 여길까
다르다고 여길까

따뜻한 밥

모판에
볍씨 뿌려져 싹 틔우고
다시 논으로 옮겨져
햇빛을 듬뿍듬뿍 먹고
물을 흠뻑흠뻑 마시고
벼 이삭으로 자라는구나

그대는
내일을 꿈꾸는 사람들의 따뜻한 밥이 되고
아랫목에 파묻은 밥그릇이 되고
배고픈 이의 적선의 밥이 되고
큰애기 대사의 밑천이 되고
도회 나간 자식의 학비가 되었다

그대는
농부의 희망의 곡식이고
겨레의 단단한 심장이고
산업의 근간이다

가을볕에
알알이 영글어
황금 들녘으로 물결칠 때

농부는
산천은
춤추며 노래하리라

그대의 공덕을 기리며

사근사근한

나는 형용사를
사랑합니다

여인네의 화장품 같은
찬란한
설레는
청초한

정(情)이 묻어나는
애틋한
사근사근한
꿈에 그린

서글픔이 서려 있는
설운
가녀린
애달픈

꽉 찬 느낌의

여문

옹골찬

푸짐한

오늘도

인생 여정 길에서

형용사의 도움을 기대합니다

벅찬

부푼

기대 어린

회귀(回歸)

나무에
간신히 붙어 있는
조금 시들은 꽃잎 하나

스치는 바람 한 줄기에
안간힘을 다해 보지만
어쩔 수 없이 힘이 다하여
손을 놓으니

어미 나무는
작별의 눈물 한 방울 흘리고
남은 자매 꽃잎들은
아쉬움의 손을 흔드니

흩날리는 꽃잎 되어

불규칙한 원을 그리며
얼마를 날아가서
빙빙 돌다가

어미 나무 뿌리 위에
몸을 누인다

대지는
앞서 온 자매 꽃잎들이
이리저리 흩어져 잠들어 있고

하늘을 쳐다보니
비구름 몰려올 듯 어두워지고
나무 위의 까치는
유난히 짖어 대고

화려한 지난날을 회상하니
꿈만 같은데

그리운 정 안고
꽃의 나라로
다시 돌아간다

추수

논에서 볏단으로 묶어
동네 일꾼들이 품앗이로
지게로 져 집으로 나를 때
배추와 무 살짝 데친 무침은
막걸리 안주로 맛있었다

서당골 힘센 아저씨는
한 번에 두 사람 몫 볏단을
지게 꼭대기까지 올려 나르고
다음번에 쉬었다

오는 도중에 버티고 있는 언덕길에서
땀이 등허리로 흘러내리고
가쁜 숨을 몰아쉬었다

마당에 노적봉같이
볏단을 쌓아 올리면
해는 뉘엿뉘엿 지고 있었다

외양간의 배고픈 어미 소

소죽 달라고 보채는 소리 들린다

살포시

햇살은
살포시
냇가에 스며든다

냇물은
햇살을 품어
달려간다

스며든 햇살은
밤을 비추어
냇물을 인도한다

오늘 밤에도
냇물은
외롭지 않다

문자 시대

실시간 문자 시대

사랑은
빠르다
숨가쁘다

흩어진 문자들이
허공을 넘어
애정을 실어 나른다

사랑은
눈으로 와서 손가락으로 톡톡 튀어오른다
편지 향기 없다
사립문의 기다림 없다

사랑은
익을 시간이 없다
뜨거운 심장을 들를 시간이 없다
푸르른 하늘 둘러볼 여유 없다

사랑은

잠들지 못한 호롱불이 그립다

느릿느릿 사랑의 완행열차가 그리워진다

평생 벗

인류의 정신문명은
그대를 힘입어
역사의 갈피 속에
고이 잠들어 있고
그대를 벗 삼아
언어를 배우고
학습하고
테스트하고
계획을 세우고
작전을 구상하고
보고서를 만들고
꽃을 그리고
범을 그리고
상상의 나래를 펴고
그대 위에 꾹꾹
공경의 염을 담고
풋풋한 사랑을 적고
회한의 글을 남기고
그대는

바람에 날아갈 듯

연약하고 부드럽지만

강철같이 강인하니

잘못 다루면

손을 벨 수도 있고

그대의 향내는

향긋한 솔향 같고

살랑대는 봄바람 같고

비릿한 바다 냄새 같고

그대의 촉감은

연인의 살결 같고

비단결 같고

흐르는 강물 같고

그대의 고향은 단단해도

기상은 나는 비둘기 같고

업적은 하늘을 뒤덮고도 남고

언제나

연인 같고

다정한 친구 같고

썩지 않는 소금 같고

숨 쉬는 공기 같고

오늘도

눈을 뜨면

깨끗한 백지 한 장

책상에 놓여 있구나

기도

눈보라 헤치고 추위를 견디는
꽃봉오리에 산들대는 봄바람 같은

뙤약볕에 달아오른 대지를 식혀 줄
한줄기 소낙비 같은

어두운 밤 광야를 걷는 나그네에
밤길 밝혀 줄 환한 등불 같은

가뭄으로 시들은 숲속에
떨어지는 폭포수 같은

거친 파도 몰아치는 검푸른 바다에 떠 있는
돛단배에 구원의 손길 같은

님을 떠나보내고 그리움에 잠 못 이루는
큰애기 가슴에 꿈에 그린 낭군 같은

한 가닥 은혜를 베풀어 주소서

4부
그 길에 서서

그 길

한 사람이 걸어가고
두 사람이 걸어가고
또 걸어가고
지렁이 기어가고
바람이 스쳐 가고
달빛 그림자 지나가고

파발꾼이 달려가고
염탐꾼이 지나가고
용사가 뛰어가고

나무꾼이 걸어가고
거간꾼이 지나가고
정벌군이 달려가고

여우가 밤중에 몰래 지나가고
토끼가 떼 지어 달려가고
돼지 실은 상인의 자전거 지나가고

봄이 북쪽으로 달려가고
구름이 비를 뿌리며 지나가고
눈보라 휘날리며 지나가고

마을로 연결되고
우물로 통하고
소 시장으로 이어지고

상여꾼의 울음이 지나가고
신부의 가마가 달려가고
나락 실은 달구지 지나가고

힘없는 나그네의 터벅터벅
발소리 지나가고
친정어머니 병환 듣고 달려가는
새댁의 가쁜 숨소리 지나가고
야멸차게 뿌리치며 떠나는 님 배웅하는
큰애기의 한숨이 지나가고

장에 가신 어머니를 손꼽아 기다리고
편지 배달하는 우체부를 기다리고
도회로 떠난 자식을 하염없이 기다리는

부엉이 울음소리 가까이 들리고

쏟아지는 별빛 밤길을 밝히고

벚꽃 바람에 흩날려 쌓이는

화초 만발한 오솔길에서

흙먼지 풀풀 날리는 시골 버스 신작로에서

조상의 한이 서려 있는 숲길에서

농부의 땀방울 베어 있는 논둑 길에서

보리 이삭 꺾어 입에 물고 학교 가는 등굣길에서

그 길에서

숫눈

눈이 펄펄 내리는 날
눈 덮인 산을 올라갑니다

산하는
순결한 여인이
하얀 백설기를 막 쪄내어
대지에 펼쳐 놓은 듯
먹음직도 하거니와
마음이 순정해집니다

땅의 허물을
다 덮어 주려는
하늘 주인님의 가호인가요

탐심을 내려놓고
하얀 빈 마음을 가지라는
가르침인가요

그런데

하늘의 주인님

바라옵기는
눈을
우리나라에만 내려 주시고
한 서너 달만 안 녹게
배려해 주시면 안 될까요

포대에 담아
수출하고 싶습니다

백의민족과 어울리는
관광상품이 될 것 같습니다

황새

냇가의 황새

긴 다리와 긴 부리
한 마리 학 같이 고고한 자태다

길목에 서서
수행하는 수도자같이
오랫동안
작은 물고기를 기다린다

물속에서
움직임이 포착되면
부리를 수면 가까이 밀착하고
전광석화처럼 낚아챈다

물고기는
하늘의 경계를 게을리하는 동안
무방비로 당하는 신세다

오늘도
황새의 뱃속에는
물고기가 있을까 없을까

황새는
포만에 졸음이 올까
허기에 잠 못 이룰까

얄궂은 운명은
물고기의 불행은
황새의 행복이요
황새의 고통은
물고기의 안전이려니

명작 시나리오

누군가는
장편영화의 주인공이 될 만한
파란만장한 인생 여정을 남기고

누군가는
단편영화의 주인공이 되고

누군가는
1회 단막극의 소재를 쓰면서
인생길을 헤쳐 간다

웅대한 스케일의 영화라도
허허로움을 남길 수 있고

길지 않는 단막극에서
감동의 물결이 일 수 있다

화려한 궁전에서
나태한 안일로

빈약한 시나리오를 쓸 수 있고

토굴 같은 작은 방에서
천지의 이치를 깨달아
만세에 빛나는
명작 시나리오를 쓸 수 있다

오늘
나는
어떤 시나리오를 쓰게 될까

이어지나니

비바람 몰아쳐도
생은 이어지나니

불면의 밤을 지새워도
생은 이어지나니

작별의 정한에 눈물 흘려도
생은 이어지나니

깨어지고 부서져도
생은 이어지나니

이것에 동의 않으면
인생이라 부르지 않으리*

---

* William Shakespeare(1564~1616)
  소네트 116에서 유추

겨울

꽁꽁

펑펑펑

아궁이 속 고구마

들녘에 부는 찬바람

가족들의 정 깊어지는

뚝뚝 가지 부러지는 숲속

토끼 한 마리 톡톡 산으로 튀는

추위 나라 군사들이 산하를 점령하고

눈 쌓인 보리밭을 걸으며 풀피리 불어 대는

오, 겨울

눈 속 잡초

개구리도 쿨쿨

남녘 봄바람 기다리는

공터에서 아이들 연 날리는

농부는 풍년 농사 준비에 바쁜

봄이 오면 도회로 떠날 누님의 부푼

한 걸음 한 걸음 파고를 넘어 실어 오는 봄 내음

앞산에 방울새 노래하고 들판에 아지랑이 피어오르는

탐(貪)

이해관계가 없으면
무심(無心)하다가

이해관계가 얽히면
큰 이해관계일수록
매서운 매의 기세로 변한다

바다는 잠잠하다가
비바람 몰아치니
풍랑에 배가 뒤집힌다

수직 시대

점점 위로 치솟는다
치솟을수록
부의 상징이요
권위의 에펠탑이다

꽃향기 안 난다
풀벌레 소리 안 들린다
개구리 울음 안 들린다

구름이 친구다
굽어보는 멋은 있다

오늘도
문명은
치솟을 궁리에 바쁜 것 같다

건물 무게를 견디는 땅은 견고한가
재난에는 안전한가
바람길은 있는가

잘 모르겠다

수평의 삶은
온순함이요
공동체적이요
정이 깃든 삶이 아닐까

고향의 산자락에 펼쳐진
옛적 초가집들이 눈앞을 스쳐 간다

바람아

바람아
꽃잎이 그리워도
어두운 밤 살며시 가 다오

눈부신 햇살 아래
뚝뚝 지는
꽃잎의 서러움을 저어하노니

바람아
꽃잎이 그리워도
돌아가 다오

꽃의 향기는
멀리멀리
그대에게 이르리니

변(變)

광대무변한 우주와
그 사이 펼쳐진 삼라만상은
서로 연결되어
천변만화(千變萬化)하니

천지의 기운은
시시각각 변하고
구름의 모양은
순간순간 변하고
산천의 풍광은
춘하추동 변하고
저잣거리 민심은
조석으로 변하고
사람의 마음은
찰나찰나 변하고

무한질주

인간의 예지(銳智)는
달려가고 있다
과학기술 문명은
끝없이 가속되고 있다
개선은 선(善)이요
새로움은 찬양받는다
그 끝을 아는 자
그 예기치 않은 부작용을 아는 자
누가 있는가
그것을 아는 사람은
아무도 없다
오늘도
앞만 보고 달려가는
무한질주 열차 소리 들린다

영원한 청년

어느 노(老) 기업인이
꿈을 꾸는 동안에는 누구나
영원한 청년으로 남는다고
그래서 요즘도
엉뚱한 꿈을 많이 꾼다고

나는 오늘도

수억 년 허공을 달려온 별빛에서
우주 끝자락의 비밀을 알 수 없을까

태평양 깊은 바닥에 별장을 지어
여름 휴양지로 이용할 수 없을까

세계 각국을 연결하는 순환 급행열차를 개통하여
반나절 생활권으로 만들 수 없을까

알약 한 알 먹으면
사랑이 샘솟는 약을 만들 수 없을까

봄바람에
저 많은 나뭇잎을 키워내는
어미 나무와 대화할 수 없을까

길가 무명의 풀에서
사람의 질병을 치료하는 비약(秘藥)을
개발해 낼 수 없을까

곰곰이 생각하며
길을 걷는다

나는 영원한 청년으로
남을 수 있을까

시간의 강물

세상 살면서

헤쳐 가기 어려운 문제 쏟아지거든
그냥 시간에 맡기시구려

진심을 곡해하여 상대가 돌아서거든
그냥 시간에 맡기시구려

희망의 사과나무 한 그루 심거들랑
그냥 시간에 맡기시구려

애달픈 그리움 사무쳐 잠 못 이루거든
그냥 시간에 맡기시구려

오지 않은 내일이 염려되거든
그냥 시간에 맡기시구려

때때로
시간의 강물은

모두를 휩쓸어 간다오

소리 명창

조선시대
소리 명창이

젊은 시절
산에서 소리 공부를 할 적에

한 곡조를 부르며
벗어 놓은 신발에 모래 한 알씩을 넣고
신발에 모래가 가득 차야 산에서 내려오곤 하였다

어느 날
산에서 소리를 하다가
도적 떼를 만났는데 그를 죽이려 하자
불어오는 바람에 소리 한 곡을 부르니
마음을 움직여
눈물 흘리지 않는 자가 없었다고

재주를 연마하여
지극한 경지에 이르면

산천이 감동하고
하늘이 호응하니

눈을 감고도
머리 위의 사과를 명중하고
거문고 소리에
학이 춤추고
그림 속의 새가 날아갈 듯하여
그물을 치려 하니

어찌
이루지 못할 일이 있으리오*

* 박지원(1737~1805), 연암집 참고

돼지 꿈

그 안에
삶이 있어
희로애락이 있어
만나고 헤어지고
사랑하고 미워하고
쫓고 쫓기고
내용도 다양하고
영원히 이어질 것 같고
벗어나면
안도의 한숨 내쉬고
못내 아쉬워하고
안 꾸고 싶어도
마음대로 안 꾸어지지 않고
살아온 과거 기억의 재생인지
살아갈 미래의 예지인지
신의 한 수인지
도통 알 수 없고
내용이 좋은 것 같으면
일확천금을 꿈꾸어 보고

나쁜 것 같으면
옷깃을 여미어 기도하고
그것을 해석해 내는 주석서는
책 한 권이지만
맞는 건지 아닌지 알 수 없고
내 의지대로
컨트롤 안 되는 그것
오늘 밤은
안 꾸어도 좋으니
다음 날
돼지 꿈으로 오소서

행운의 여신

모두
행복과 성공을
원함으로

행운의 여신은
불현듯 와서
순간에 사라진다

나눠 줄
빵이 한정돼 있으므로

어제가 그리운가

무엇을 그리워할까

지난 것은
다 그리움일까

많이 그리움일까
잎새에 스치는 작은 그리움일까

다시 한번
돌아가고픈 그리움일까

다시는
안 돌아가고픈 안 그리움일까

아침 풀잎에 맺힌 이슬 같은
영롱한 그리움일까

흙탕물 튕겨 오점 남긴
지우고 싶은 악몽일까

안기고픈 포근한 고향집일까

돌담 너머 주고받은 이웃 정일까

산에서 나무하며 나눠 먹은 주먹밥일까

어제가 그리운가

내일 되면

오늘이 그리울 테니

오늘 열과 성을 다하라

소망

단지 내 울타리
사방을 둘러싸고 있다
예전에 비하면 많이 낮아졌다

울타리
접근금지
허용하지 않는다
배타적 소유권의 표시다

사회에도 곳곳에
보이는 울타리
보이지 않는 울타리가 있다

이해 집단 간 울타리
조직 내 울타리
국가 간의 울타리

어쩌면
하루하루 치열한 삶도

그 울타리를
넓히고
높이기 위한
각축인지도 모른다

내 마음의 울타리도 있다
편견
냉소
거부

울타리를
모두 걷어내는 것은
요원한 꿈일 터

조금 더 낮추고
조금 더 엷게 하는 소망을
내일도 꿈꾸어 본다

눈물

감격의

회한의

작별의

재회의

사무치는 정한의

울컥한

비탄의

연민의

환희의

슬픔의

아, 삶에 지친 시련의

고독의

기쁨의

이별의

통곡의

탄식의

한 방울의

울음 없는

거듭나는

가식 없는

정화하는

영롱한 구슬보다 더 맑고

목련화보다 더 순정한

오뉴월 뙤약볕보다 더 뜨거운

지상낙원

남반구에 와 있다

땅은 넓고 인구는 적다
두 개의 큰 섬으로 이루어져 있고
원주민과 이주 백인이 사이좋게 지낸다

일 년 내내 꽃이 피고
크게 덥지도 춥지도 않은 상춘(常春)의 땅이다
눈만 뜨면 파란 초지에 양 소들이
풀을 뜯는 그림 같은 풍광이다

목축업이 주 산업이고
키위가 많이 생산된다

사람들은 순박하고
거짓말을 싫어하고
전통을 좋아한다

남반구여서 북향집이 햇빛이 잘 든다

무엇보다 뱀이 없다고 한다

바다 위 섬나라지만
외롭지 않은 나라
화산 온천 산 빙하 강 바다의
자연 종합 세트를 갖춘
선업(善業)을 많이 쌓은 사람들이 살 것 같은

지상에 얼마 안 남은
지상낙원 같다

네가 있어

아무리 추워도
더 큰 추위 속에 일하는 사람 있어

아무리 추워도
새벽부터 일하는 사람 있어

사회 기저에 흐르는
엄연한 질서

네가 있어
우리 있어
내가 있어

여기 있어
우리 있어
네가 있어

영동

첫 직장의 발령을 받고
전날 밤 버스를 타고
생에 처음 밟아 보는 강원도 땅에
아흔아홉 대관령 고개를
넘어가는 길은 아득하였다

저 밑으로
동해 바다의 오징어 배 불빛과
강릉의 가로등이 흐릿하게 반짝이고

옛적
말 타고
걸어 다니던 시절
험준한 산맥을 넘는 고개는
많은 사연과 한을
품고 있으리란 생각도 떠돌고

영동은
태백산맥과 바다 사이에

좁고 길게 뻗어 있어
기후가 좀 독특하고
인심은 넉넉하였다

아담한 건물이 옹기종기 있고
아침이면 새벽을 깨우는
꼬끼요 소리가 들릴 것 같은
고즈넉한 동네였다

어디든
정들면 고향이라는 말이
실감으로 다가왔다

그 이후
굴이 뚫리고
철도를 깔아
교통은 단축되었지만
옛정은 조금 줄어들지나 않았는지

언제나 고향처럼 다가온다

긍정 미디어

세계 미디어들이여

그대들이
현장에서
땀 흘리며 거둬들이는 기사는
부정적 기운 야기하는 내용이
너무 많으니

이제
꽃피고
봄바람 불고
사랑하고
용서하고
양보하고
화해하고
재회하고
그리워하고
참회하고
베풀고

봉사하고

어깨동무하고

연합하고

자연보호하고

꿈꾸고

이런 긍정적 기운 일으키는 내용으로

점철된 미디어 하나 만들어

운용하면 어떠할까요

역사는

바다가 산이 되고

불덩어리 돌이 되고

바위가 모래 되고

사막이 낙원 되고

섬이 육지 되고

협곡이 도시 되고

문명이 폐허 되고

가설이 정설 되고

정설이 허위 되고

비밀이 베일을 벗고

제후국이 황제국 되고

패권국이 주변국 되고

연합이 분열되고

분단이 통일되고

꿈이 현실 되고

안개 자욱한 길 위에 서 있다

토방 위

그대는
창조주의 손을 떠나
주인과 연을 맺으면
한평생 주인 위해
최일선에서 봉사하며
주인이 버릴지언정
배반하지 않으니
충신의 반열에 오를 만하도다

거칠은 사막을 걸을 때라도
뾰족한 자갈밭을 달릴 때라도
흙탕물을 건널 때라도
군말 없이
몸 다 바쳐 섬기는구나

해지고
찢어지고
더러워짐은
주인을 향한

헌신의 증표이도다

주인은
잠들어 꿈속을 헤맬지라도
현관에서 대기하며
떠날 준비를 하는구나

그대가
옛적
나무에서
볏짚으로
가죽으로
원고향이 변해 왔어도
그대의 사명은 변함없도다

그런데
주인 잃은 아기 신발
주인이 병석에 있어
신발장에 쉬고 있는 그대 모습은
더 이상 안 보면 안 되겠니

토방(土房) 위에

가지런한

그대 모습은

언제나 마음을 정갈히 하는구나

우리 이제

님이여

우리
그동안
세찬 비바람 뚫고
밤낮으로 걸어왔으니

우리
이제
웃으며
꽃밭 길을 걸어가요

우리
그동안
가슴 졸이며
앞만 보고 뛰어왔으니

우리
이제

노래하며

꽃밭 길을 걸어가요

우리

그동안

안개 짙은 강을 건너

험한 바다 헤치며 달려왔으니

우리

이제

춤추며

꽃밭 길을 걸어가요

우리

그동안

나의 등불만 밝히고

옆을 비추지 못했으니

우리

이제

이웃과 어깨동무하고

꽃밭 길을 걸어가요

감동 넘치는 오늘

오늘도
감동의 밥을 먹고
감동의 사랑을 하고
감동의 시를 읽고
감동의 글을 쓰고
감동의 말을 하고
감동의 친절을 베풀고
감동의 선행을 하고
감동의 발자취를 남기며
꽃 한 송이에 감동하고
눈 속에 피어난 매화 향기에 감동하고
노랑 은행잎에 감동하고
질경이의 생명력에 감동하고
언 땅 헤집고 나온 잡초에 감동하고
꿀 따는 벌 나비의 집요함에 감동하고
감나무 하나 남은 까치밥에 감동하고
소를 위해 짐 지고 터벅터벅 걷는 농부에 감동하고
거친 바다 나는 갈매기의 날갯짓에 감동하고
고난을 헤치고 꿈을 이룬 인간 승리에 감동하고

작은 은혜에 감동하고

작은 미소에 감동하고

작은 가르침의 글귀에 감동하고

작은 베풂에 감동하고

네가 있어 우리 됨에 감동하고

함께 걸어가니 길이 됨에 감동하고

하루의 무탈함에 감동하고

감동 넘치는

하루 되게 하소서

눈치 한 점 야망 두 개

ⓒ 윤광일, 2025

초판 1쇄 발행 2025년 9월 30일

지은이	윤광일
펴낸이	이기봉
편집	좋은땅 편집팀
펴낸곳	도서출판 좋은땅
주소	서울특별시 마포구 양화로12길 26 지월드빌딩 (서교동 395-7)
전화	02)374-8616~7
팩스	02)374-8614
이메일	gworldbook@naver.com
홈페이지	www.g-world.co.kr

ISBN 979-11-388-4764-3 (03810)

- 가격은 뒤표지에 있습니다.
- 이 책은 저작권법에 의하여 보호를 받는 저작물이므로 무단 전재와 복제를 금합니다.
- 파본은 구입하신 서점에서 교환해 드립니다.